Franz Antoine

Atlas zur Phytoikonographie der Bromeliazeen des kaiserlichen-könglichen Hofburggartens

Franz Antoine

Atlas zur Phytoikonographie der Bromeliazeen des kaiserlichen-könglichen Hofburggartens

ISBN/EAN: 9783743484061

Hergestellt in Europa, USA, Kanada, Australien, Japan

Cover: Foto ©Andreas Hilbeck / pixelio.de

Manufactured and distributed by brebook publishing software (www.brebook.com)

Franz Antoine

Atlas zur Phytoikonographie der Bromeliazeen des kaiserlichen-könglichen Hofburggartens

ATLAS
ZUR
PHYTO-ICONOGRAPHIE
DER
BROMELIACEEN
DES
KAISERLICHEN KÖNIGLICHEN HOFBURGGARTENS
VON
FRANZ ANTOINE.

1884

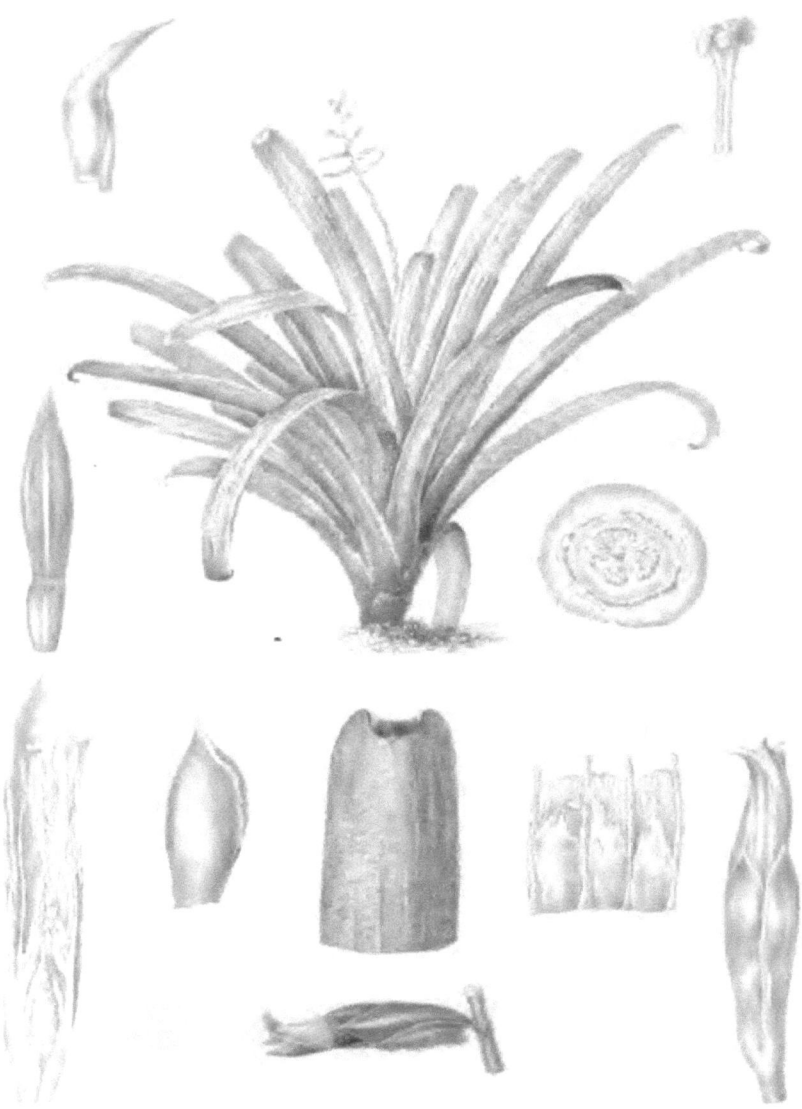

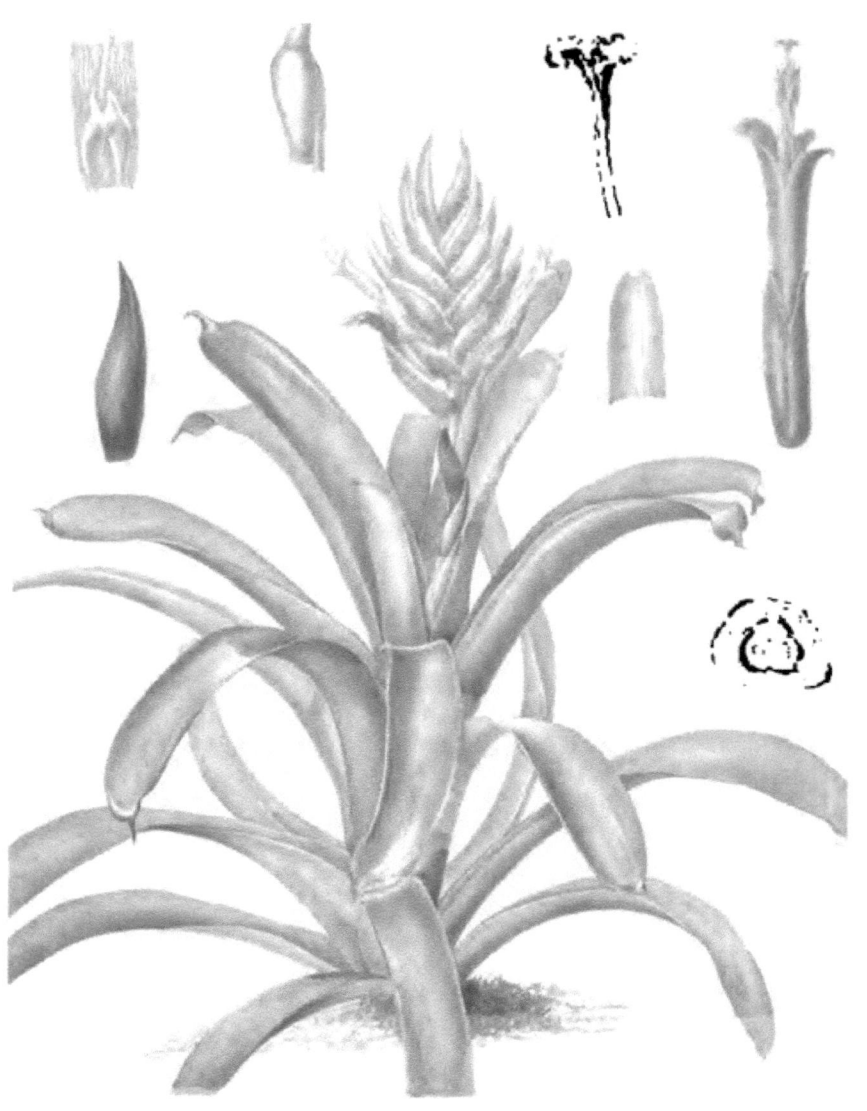

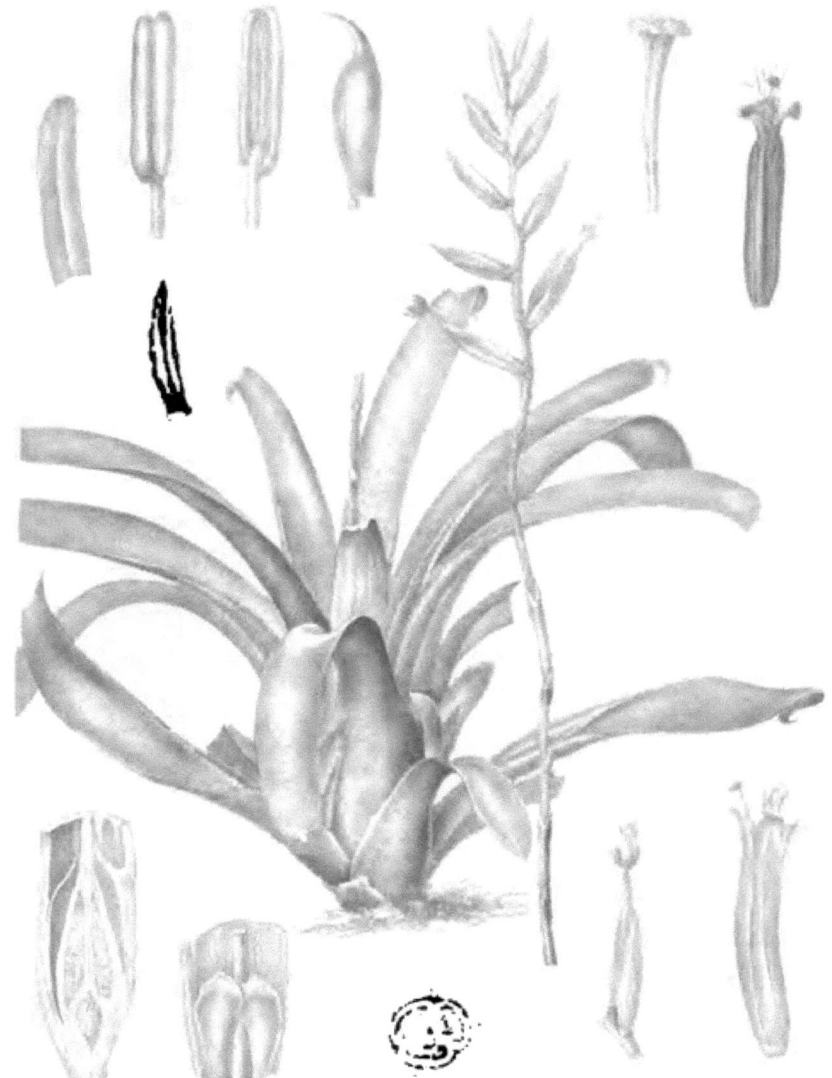

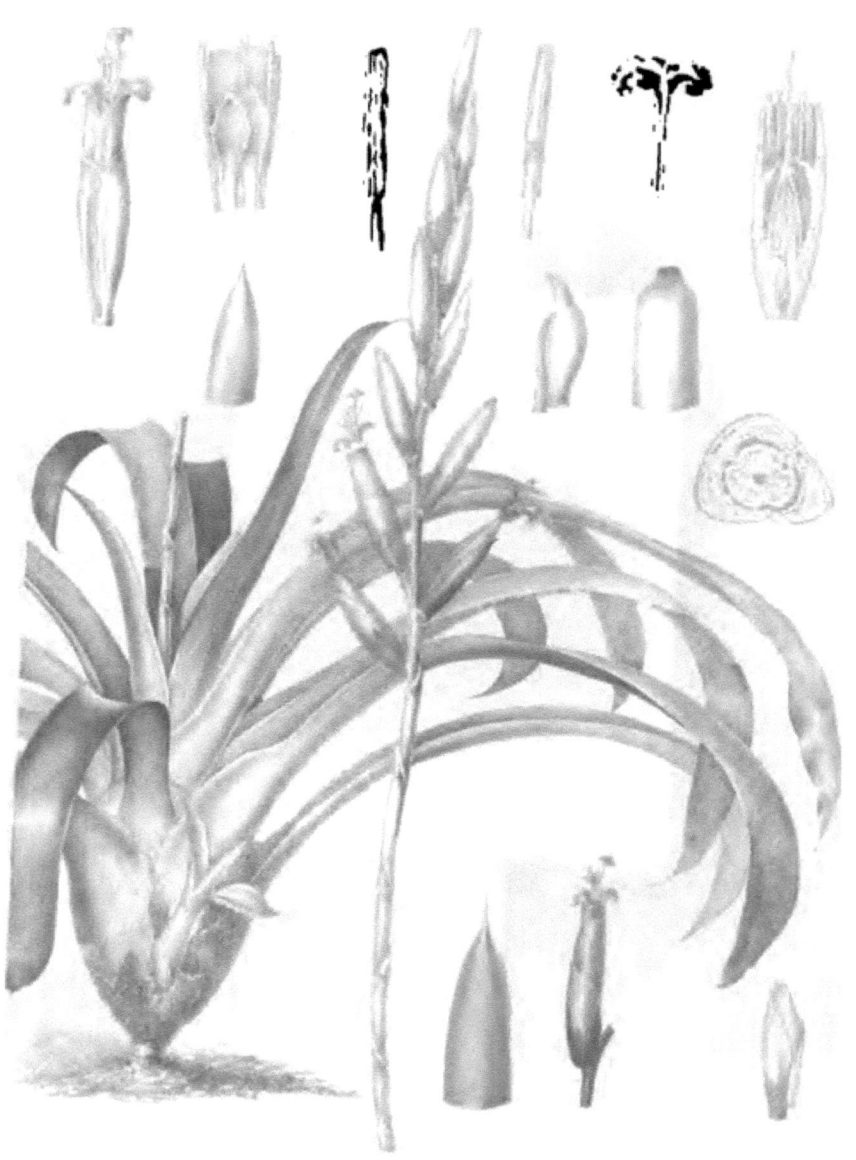

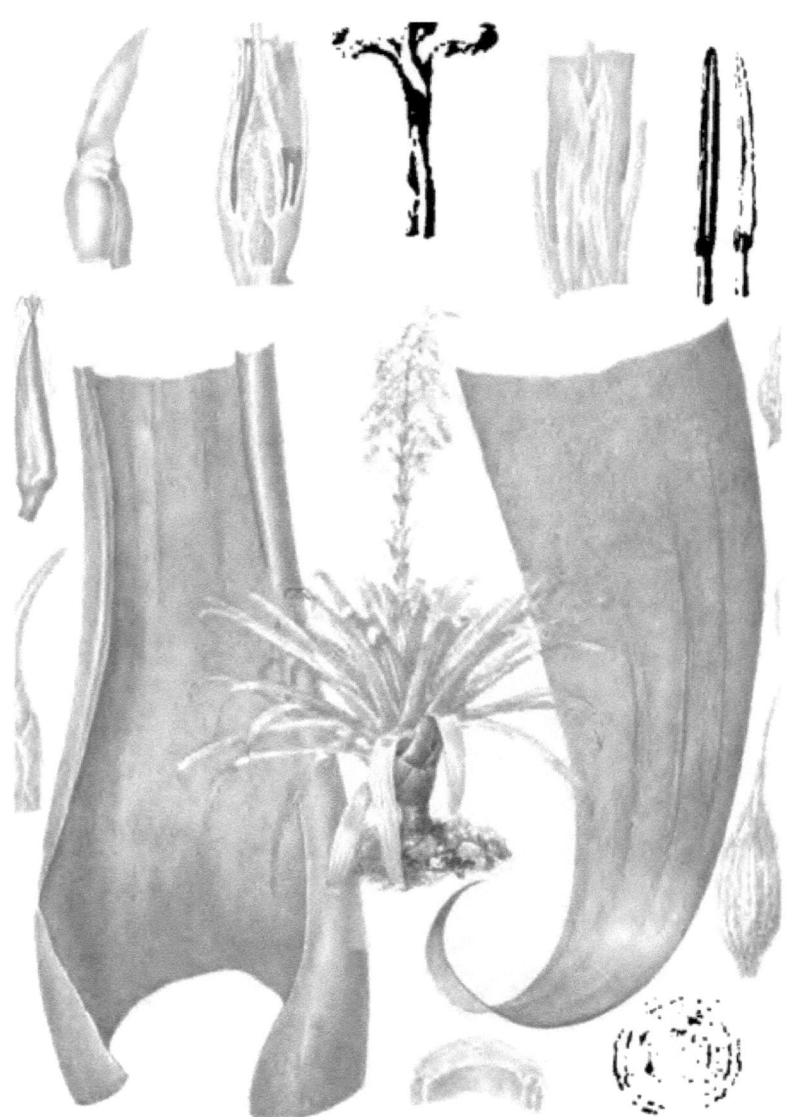

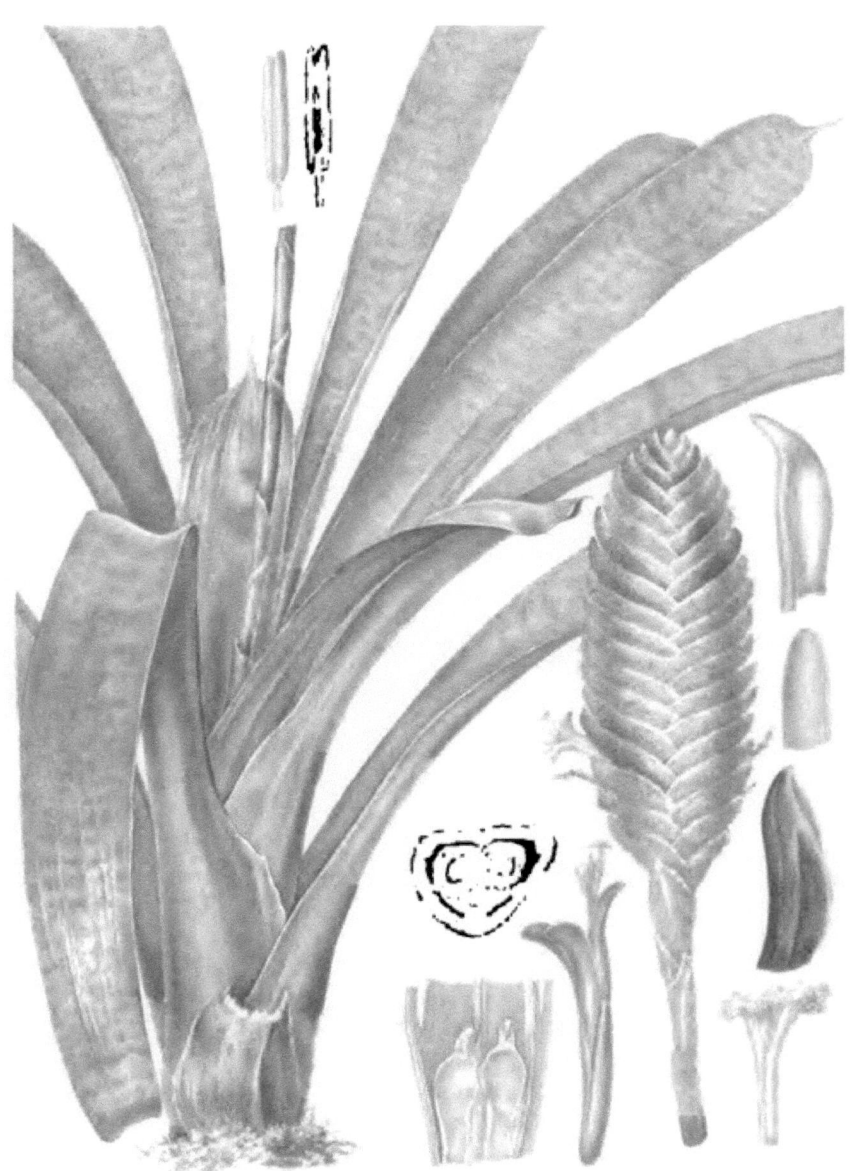

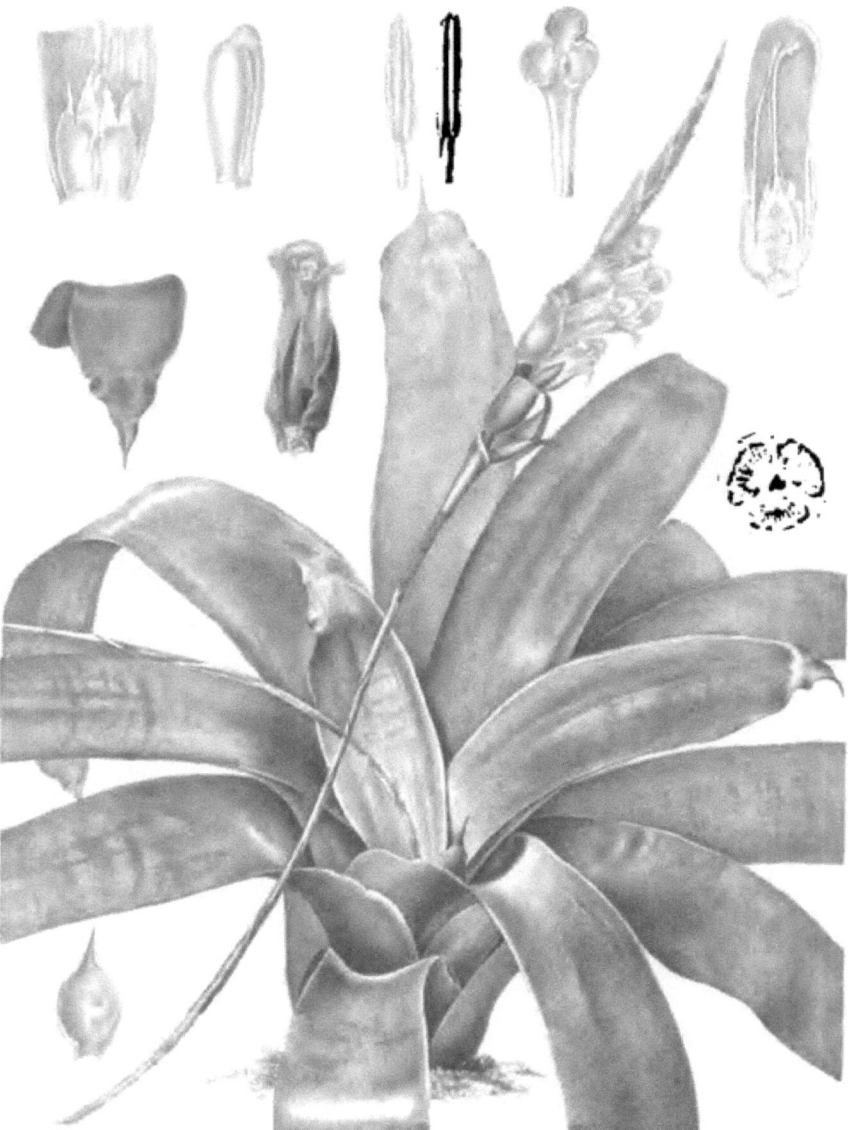

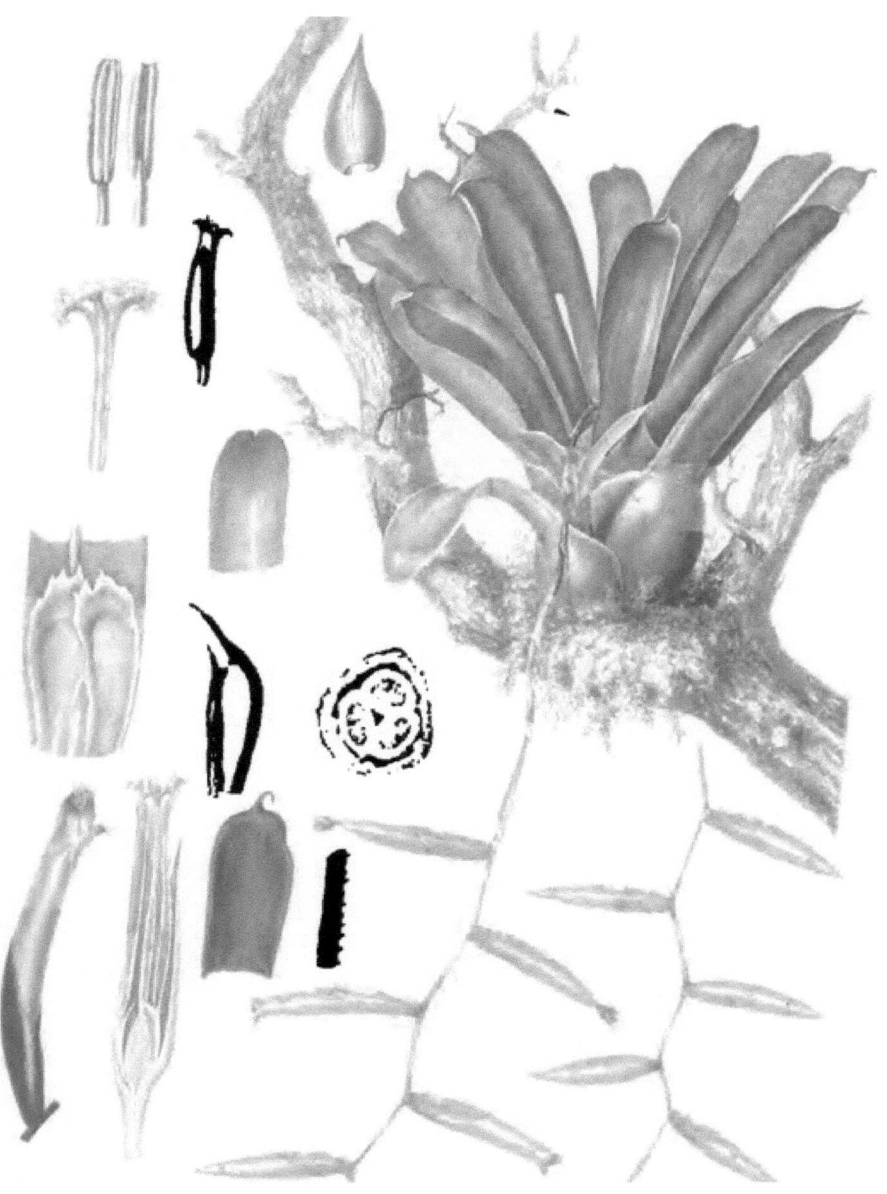

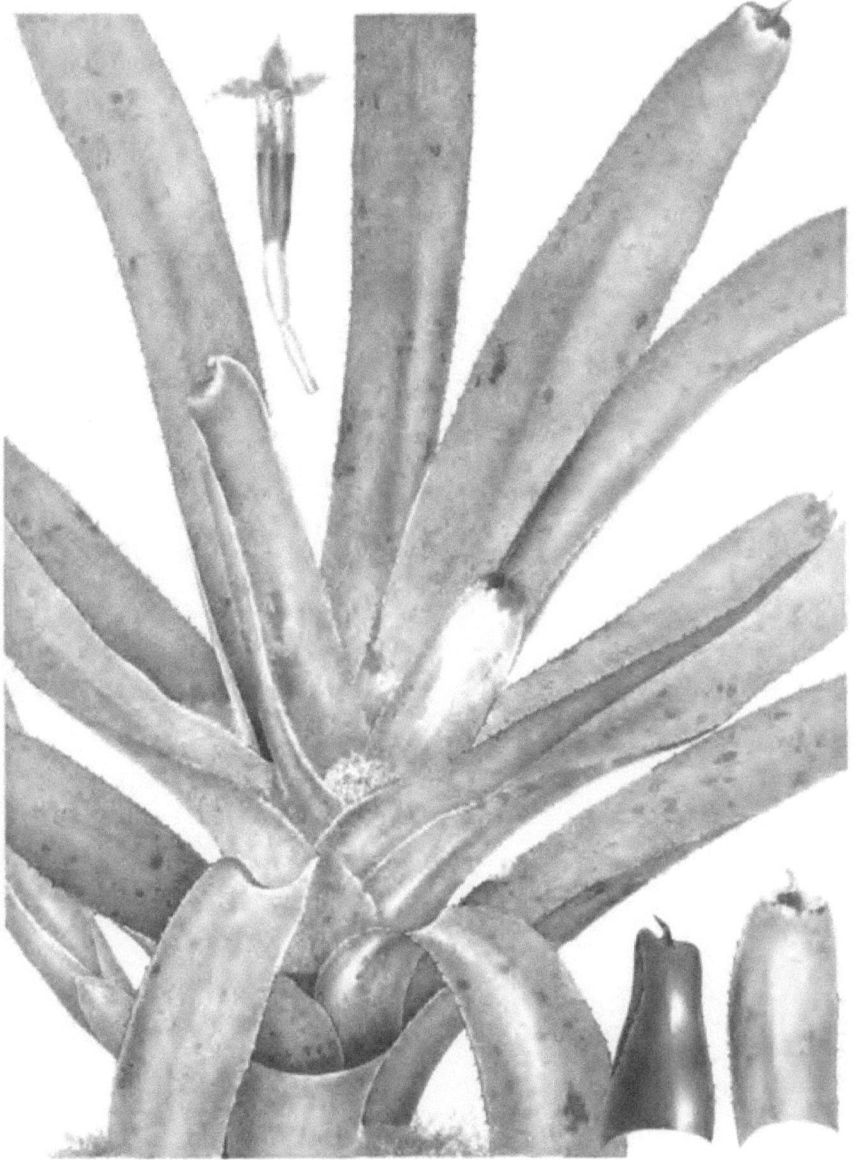

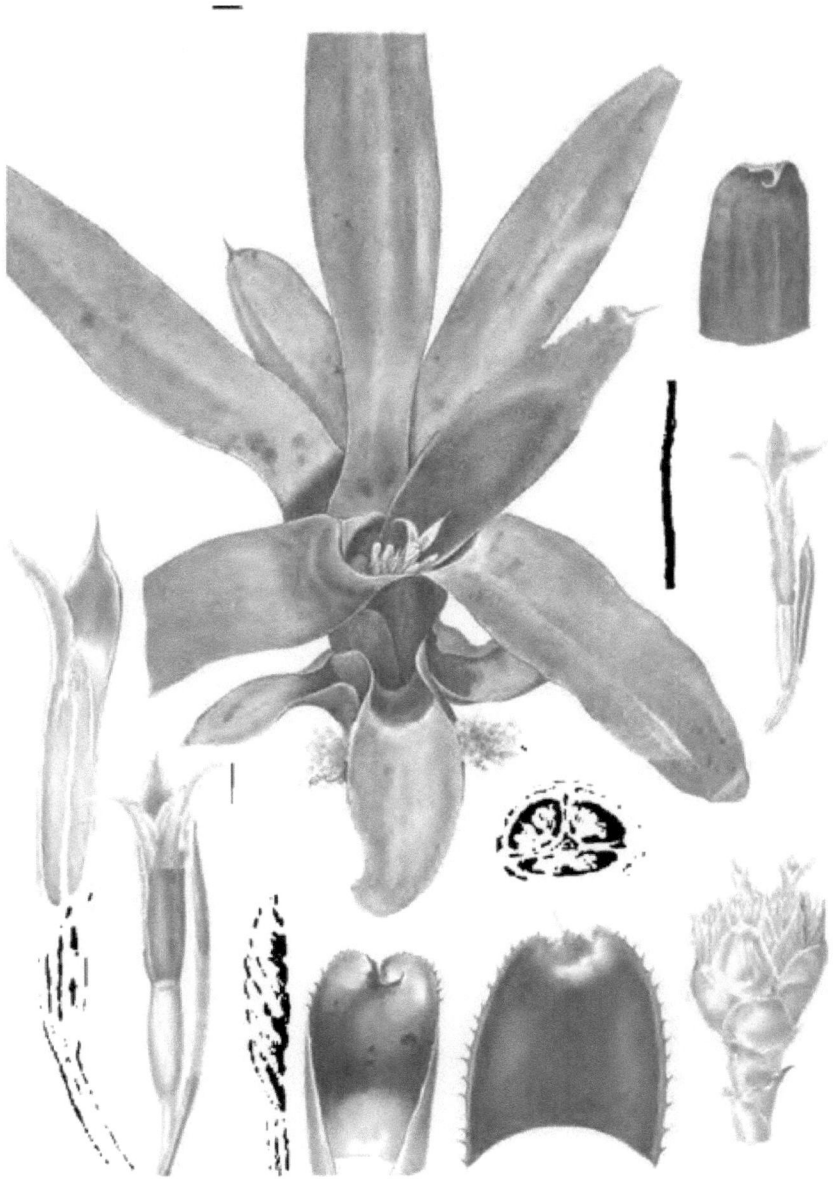

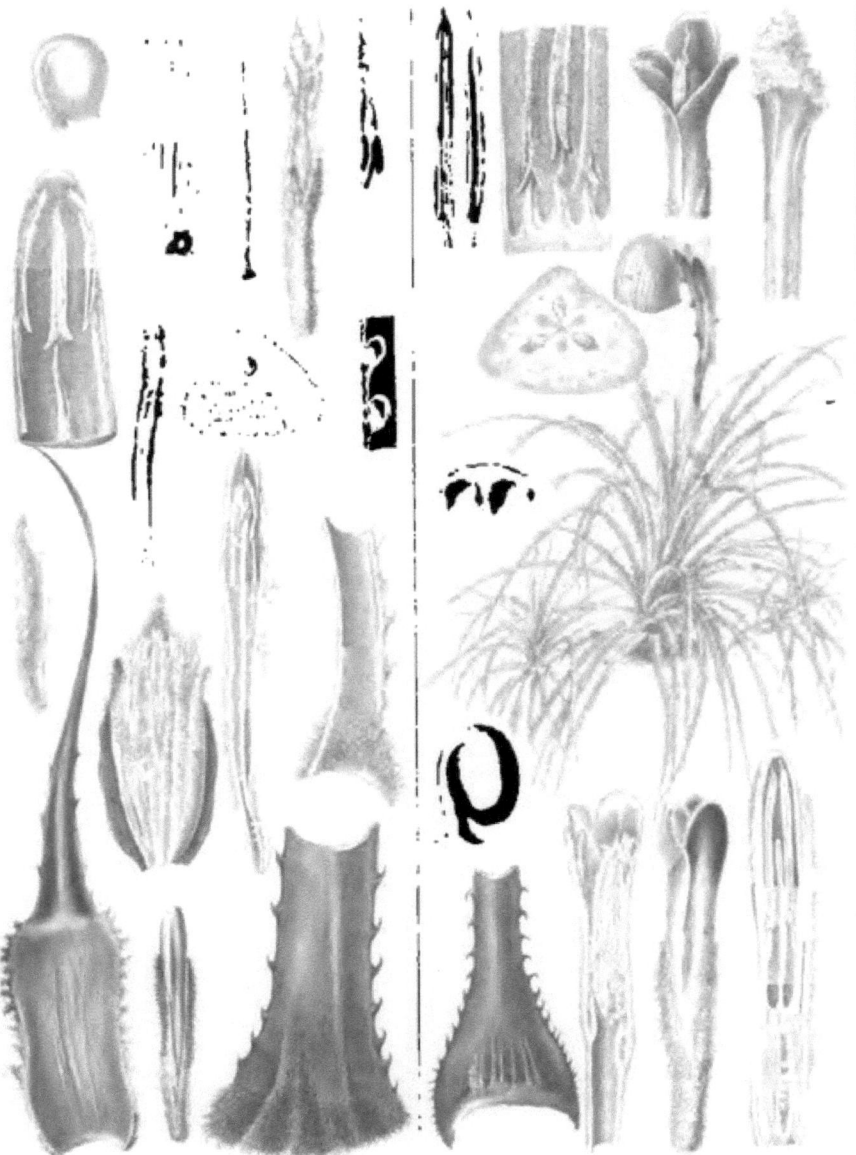

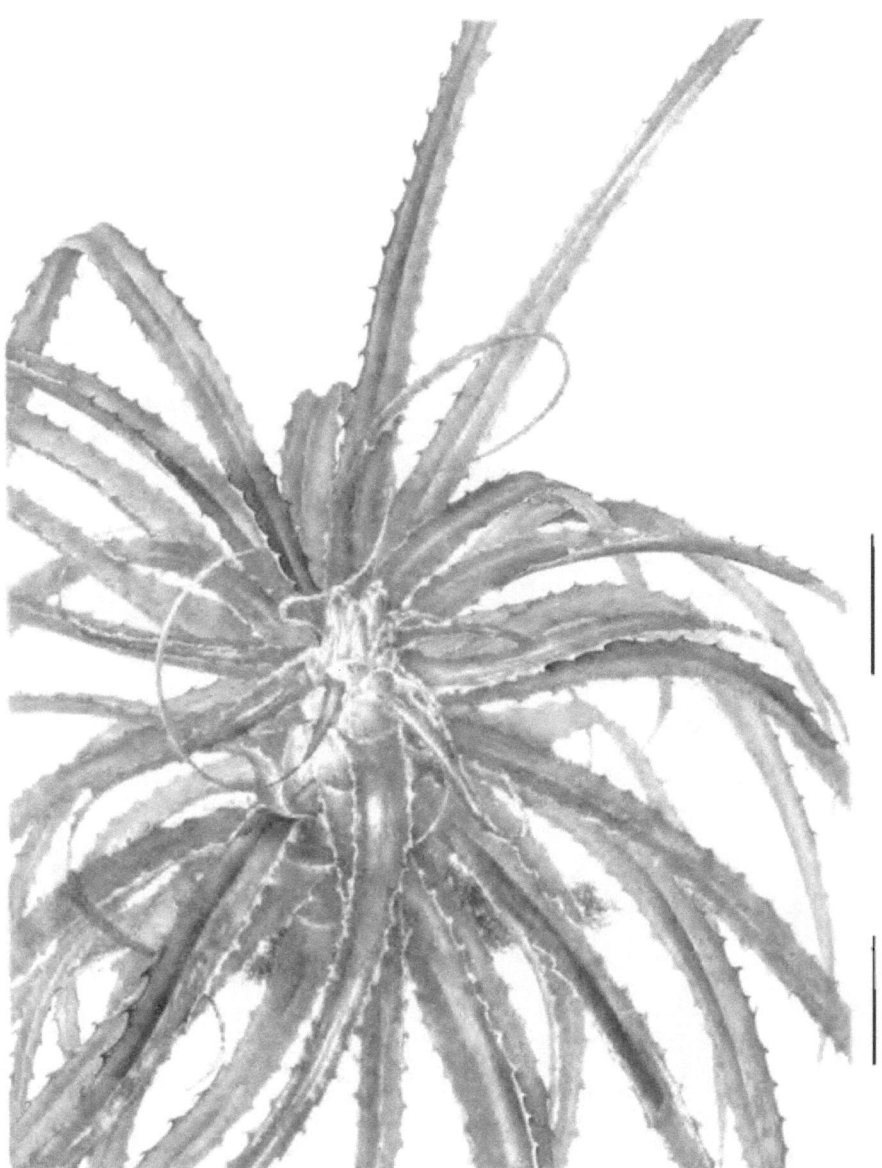

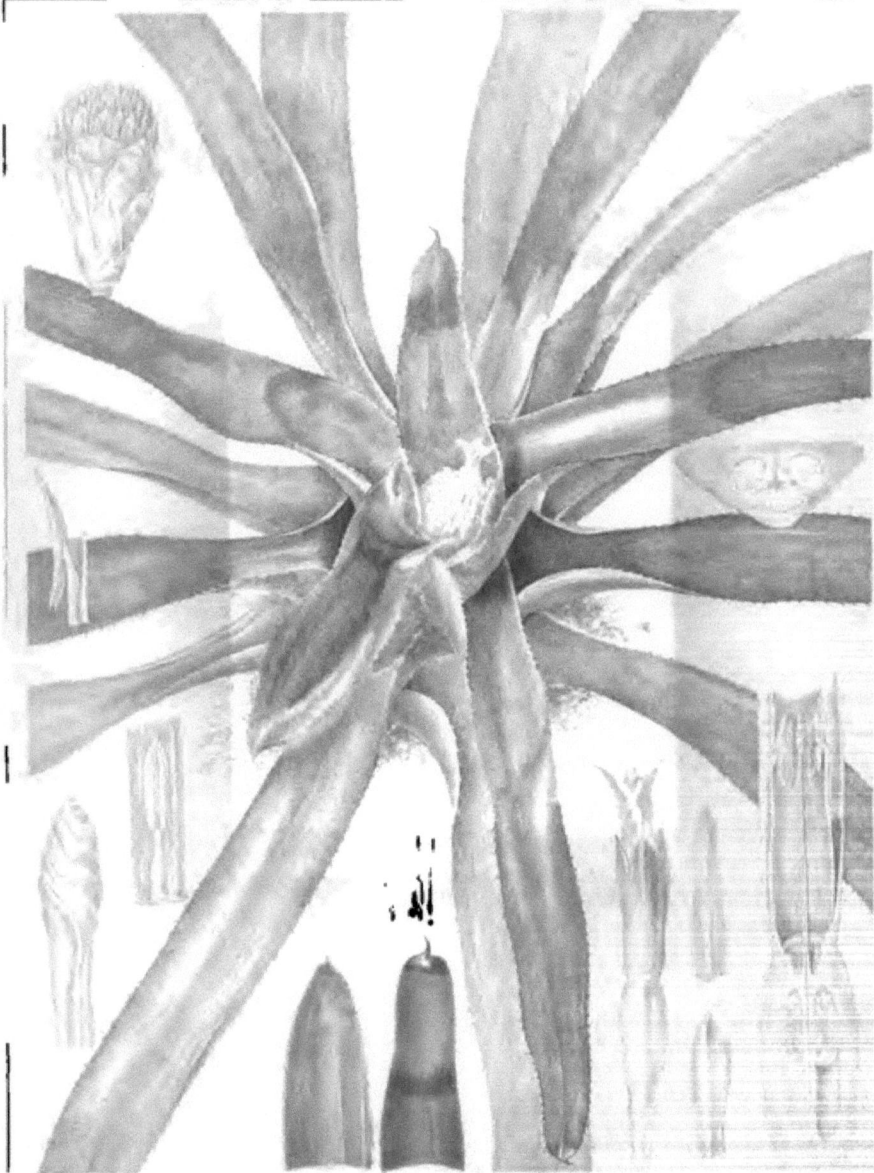

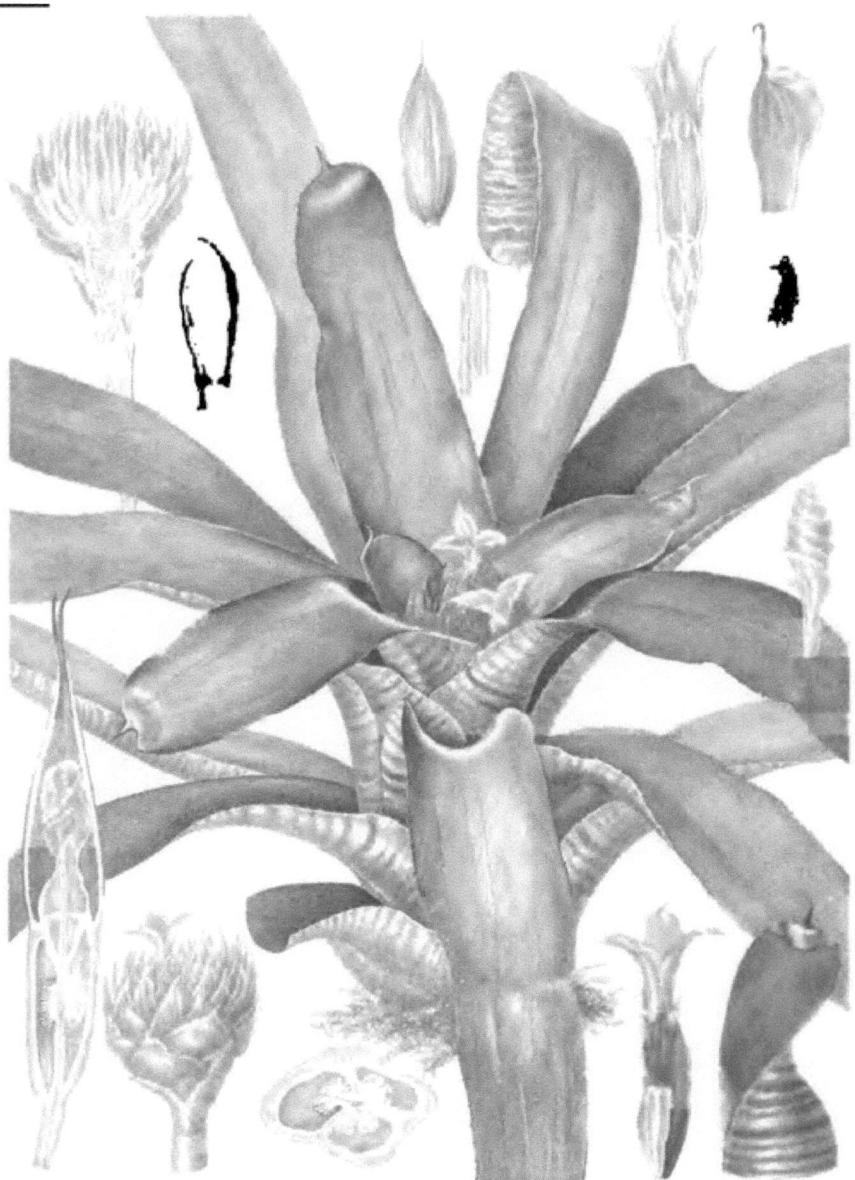

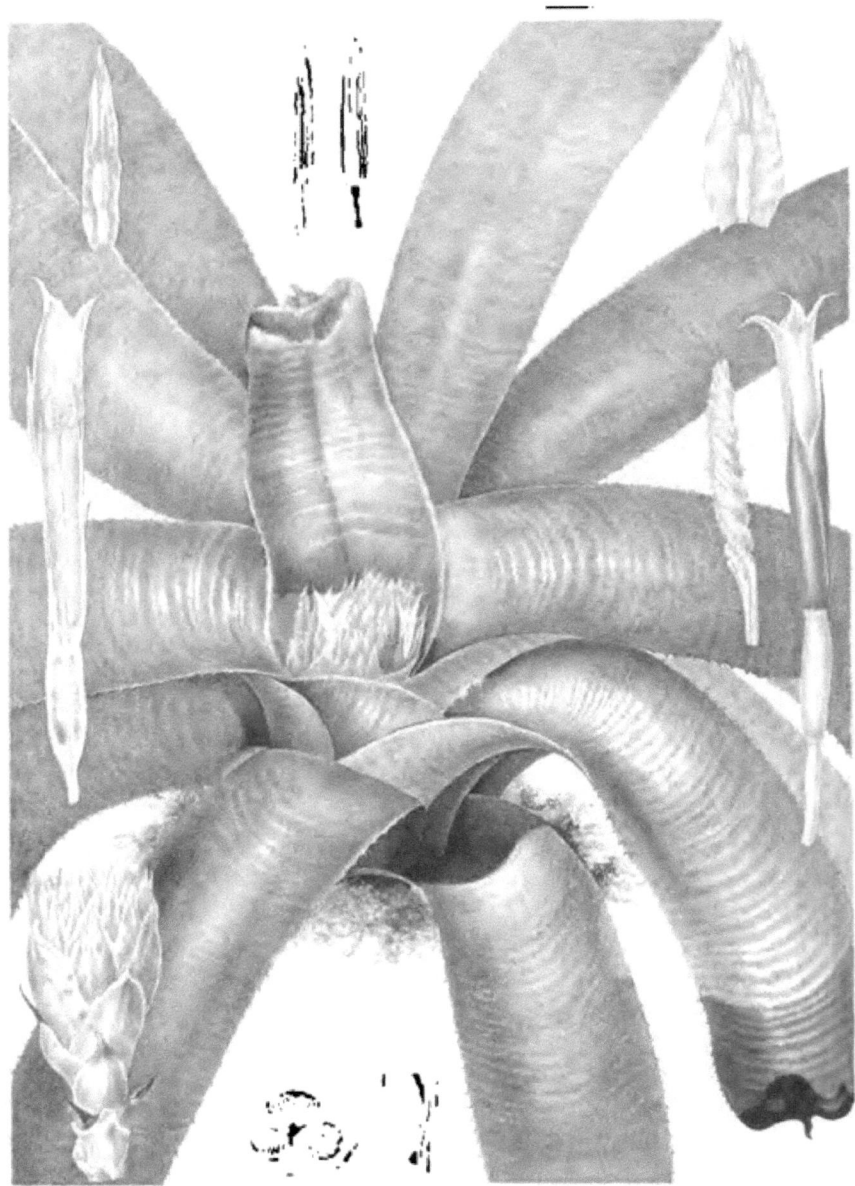